RAPPORT

FAIT AU NOM

DE LA COMMISSION DES CHEMINS VICINAUX,

Par M. Henri CORNU,

membre titulaire de la Société d'Agriculture, Sciences et Arts,
de l'arrondissement de Valenciennes.

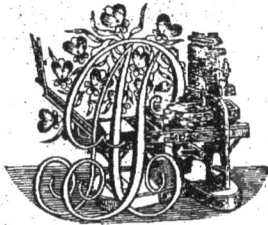

VALENCIENNES,
IMPRIMERIE DE A. PRIGNET, RUE DE MONS.
1848.

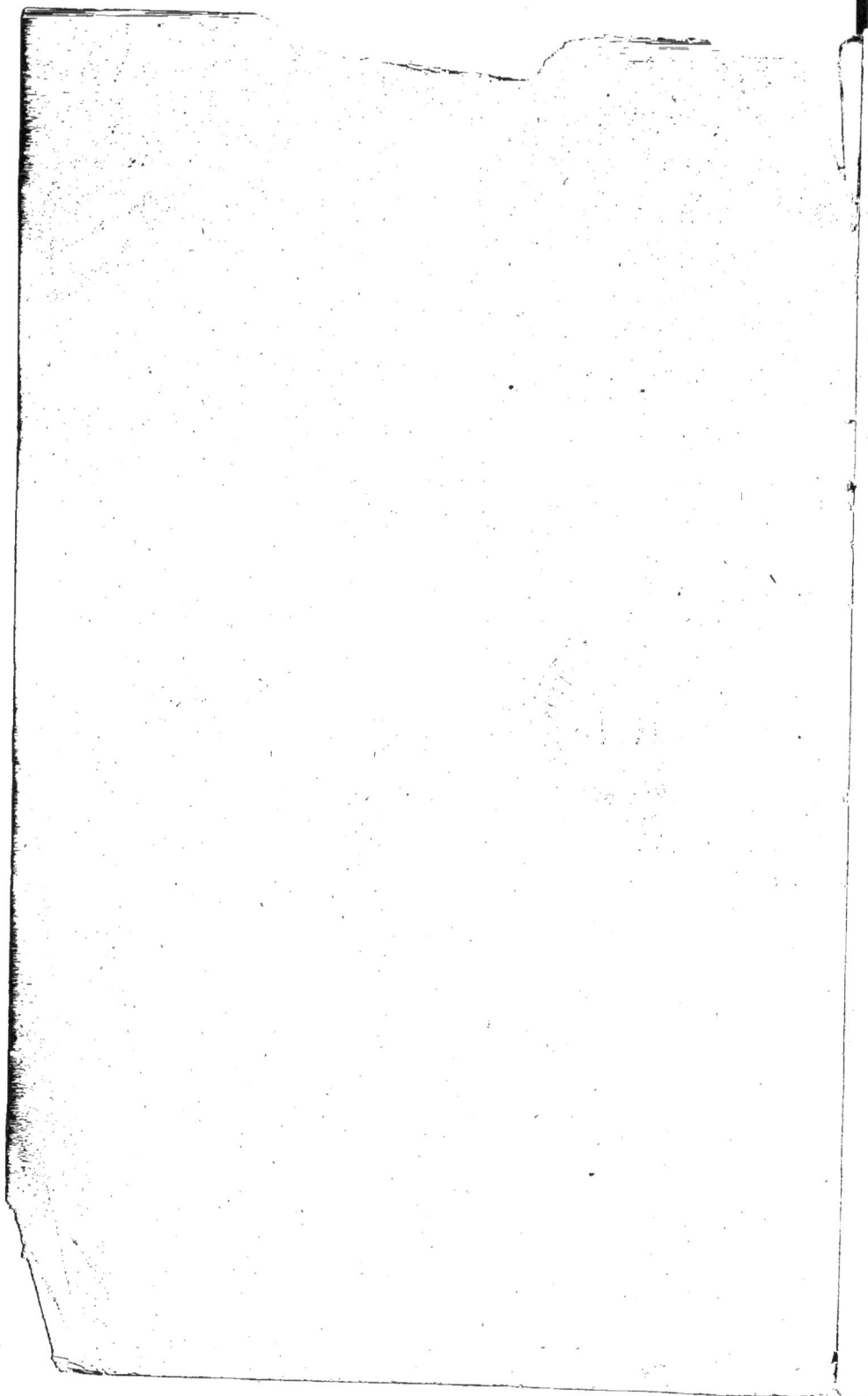

RAPPORT

FAIT AU NOM

DE LA COMMISSION DES CHEMINS VICINAUX.

Par M. Henri CORNU,
membre titulaire de la Société d'Agriculture, Sciences et Arts,
de l'arrondissement de Valenciennes.

VALENCIENNES,
IMPRIMERIE DE A. PRIGNET, RUE DE MONS.
1848.

Extrait des mémoires de la Société d'Agriculture, Sciences et Arts de l'arrondissement de Valenciennes.

(C.)

CONCOURS DE 1847.

RAPPORT

FAIT AU NOM

DE LA COMMISSION* DES CHEMINS VICINAUX.

MESSIEURS,

En 1843, vous préoccupant de l'influence qu'une bonne vicinalité peut exercer sur les produits de l'agriculture, en facilitant les transports, branche importante de l'économie agricole, vous avez ajouté aux encouragements que la société mettait déjà au concours :

(*) Cette commission est composée de MM. *Edouard Grar*, président, *Bernard, Lefebvre, Prignet* et *Henri Cornu*, rapporteur.

« Une Médaille en or au maire de la commune qui aura tous
» ses chemins vicinaux en parfait état d'entretien (1). »

Dans ces termes absolus de votre programme, il n'y avait
guère de concours possible.

Quelle est la commune dont *tous les chemins vicinaux soient
en parfait état d'entretien ?* Quel est le maire qui, avec le peu
de ressources dont les caisses municipales disposent en général,
aurait pu espérer la récompense offerte? Votre prix, en sup-
posant qu'il put être décerné, aurait été obtenu par le maire de
quelqu'une de ces communes privilégiées par leur position to-
pographique, c'est-à-dire traversées ou à proximité de grandes
routes ou de chemins vicinaux de grande communication, ayant
peu de chemins vicinaux à entretenir, et qui, joignant à cela
d'assez larges revenus, aurait pu remplir les conditions exigées,
sans autre peine que de vous en justifier.

Ce n'était pas là ce que vous aviez voulu. Aussi, n'avez-vous
pas tardé à reconnaître, d'une part que votre programme était
trop exigeant, et que, d'un autre côté, il ne promettait pas assez
aux efforts personnels. Et, en 1845, expliquant votre pensée
première et votre but, vous avez décidé qu'il serait décerné :

« Une médaille d'or au maire de la commune de l'arrondis-
» sement de Valenciennes, dont le zèle, l'influence personnelle,
» ou les sacrifices auront amené un progrès très remarquable,

(1) Programme des encouragements à décerner pour 1843 et
1844.

» dans l'amélioration des chemins vicinaux de sa com-
» mune (1). »

Ce changement, Messieurs, vous a permis d'accorder presque
immédiatement la récompense que vous aviez proposée. Dès cette
première année, un certain nombre de communes vous furent
signalées, entre autres celle de *Lecelles*, dont le maire,
M *Bouchart*, était parvenu, par son zèle, son influence personnelle et ses sacrifices tout à la fois, à faire construire, presque
sans autre moyen que les prestations volontaires de ses administrés, 2197 *mètres courants*, — 2 2/10 *kilomètres* —
d'un chemin qui vaut les meilleures routes. La dépense était
évaluée à 40,000 fr.; la souscription faite pour y subvenir
s'élevait à peine à 7000 fr. M. le maire de *Lecelles* ne fut
point découragé par cette disproportion. Il fit mettre la main à
l'œuvre, et, lorsque ses ressources furent épuisées, donnant
l'exemple d'une contribution supplémentaire en argent et en
nature, il entraîna ses administrés à l'imiter et à le seconder
jusqu'à l'achèvement de l'entreprise.

Vous avez donc décerné à M. *Bouchart*, maire de *Lecelles*,
au concours de 1845, une « Médaille d'or de 100 francs, pour
» le bon entretien des chemins de sa commune, (2) » comme
ayant le mieux rempli, pendant le cours de l'année 1844, les
conditions de votre dernier programme.

Cette première distinction produisit un bon effet. Elle fut

---

(1) Programme des encouragements à décerner en 1845.
(2) Mémoires de la Société, tome 7, pages 38 et 71.

un stimulant, et un plus grand nombre de maires concou-
rurent pour 1847. Votre programme, le même au fond, est
presque littéralement aussi la reproduction de celui de 1845 ;
il porte :

« Une médaille d'or au maire de la commune de l'arrondis-
» sement de Valenciennes, dont le zèle et l'influence person-
» nelle auront amené, relativement aux ressources dont il peut
» disposer, une amélioration remarquable dans la vicinalité de
» sa commune pendant les années de 1845 et 1846 (1). »

La commission que vous avez chargée de vous faire un rapport sur ce concours, après s'être livrée à l'examen des docu-
ments administratifs mis à sa disposition, conjointement avec
MM. les agents-voyers, désigna pour être visitées, comme
celles où la vicinalité est arrivée à un degré remarquable d'amélioration, les communes de *Haspres, Bousignies, Préseau,
Lecelles, Marly, Saultain, Hergnies, Vieux-Condé* et
Artres.

Elle décida qu'elle se transporterait dans ces diverses communes, pour s'assurer par elle-même des résultats acquis et des
circonstances dans lesquelles ils avaient été obtenus.

II.

Nous allons vous rendre compte, Messieurs, de nos investi-

---

(1) Programme des encouragements à décerner en 1846 et 1847.

gations et de nos observations pour chacune des localités ci-dessus désignées.

HASPRES.

Jusqu'en 1836 , l'importante commune d'*Haspres* , canton de *Bouchain*, était inaccessible. De mauvais chemins de traverse, impraticables la plus part du temps, lui permettaient à grand' peine de communiquer avec les communes voisines et de gagner la route royale n° 29 de Rouen à Valenciennes , pour arriver à Valenciennes et à Bouchain. Tout ce qui avait été fait jusqu'alors dans l'intérêt de la vicinalité passait chaque année inaperçu. A cette époque, M. le maire fit sentir au conseil municipal combien il importait à la commune de s'ouvrir un débouché principal qui la mit en relations faciles et avec les environs et avec les chefs-lieux d'arrondissement et de canton. Ce ne fut pas sans peine qu'il détermina ses administrés à faire les sacrifices extraordinaires nécessaires pour la construction du chemin le plus utile ; et cela se conçoit, car il ne s'agissait de rien moins que d'une dépense de 30,000 fr. pour établir un pavé de près de *six kilomètres* , conduisant à la *Croix Sainte-Marie* , point culminant et central d'un groupe de communes importantes.

Ce n'était pas tout de construire; il fallait songer, sous peine de perdre, en quelques années, le fruit d'aussi énormes dépenses, à l'entretien des travaux. Ç'eut été pour la commune une charge au-dessus de ses forces, même quand elle aurait, au préjudice des autres chemins, concentré toutes ses ressources spéciales, ordinaires et extraordinaires, sur ce seul chemin, le principal sans doute, mais non l'unique voie de communication indispensable. Pour s'exonérer de cet entretien dispendieux, il n'y avait qu'un moyen : faire déclarer ce chemin *de grande communication*, création nouvelle de la loi qui venait d'être promulguée sur les chemins vicinaux (1). C'était chose fort difficile. Cependant on y a réussi en 1846 , après dix ans d'efforts dont la plus large part, selon nous, revient à M. *Caullet*, maire d'*Haspres*. Nous nous réservons de justifier tout à l'heure cette assertion.

BOUSIGNIES.

Cette commune , avant l'administration du maire actuel , était inabordable. M *Hennocq* , avec des ressources des plus exiguës (2), l'a débouchée en faisant construire deux chemins : l'un , traversant la commune dans toute son étendue et conduisant au chemin de grande communication n° 35 de Douai à St.-Amand , de *deux kilomètres et demi* de longueur; l'autre , coupant aussi le territoire , dans un autre sens , allant du premier chemin au Marais , de *725 mètres* de longueur ; en tout *trois kilomètres* 1/10 , dont plus de *deux kilomètres* pavés et le surplus en terrain naturel. La commune ne s'en est pas tenue là. Pour communiquer facilement avec le chef-lieux du canton , il fallait atteindre le grand chemin n°s 21 et 29 de Saint-Amand à Bouchain , en traversant le territoire de la commune de *Brillon*. Celle-ci , qui n'avait qu'un intérêt fort secondaire à porter une partie

(1) 300 habitans et 1500 fr. de revenus.
(2) Loi du 21 mai 1836, section 2.

.9

de ses ressources dans la direction de *Bousignies*, résis-
tait au vœu de cette dernière, de relier les deux communes
par une voie viable. Toutefois, M. le maire de *Bousignies*,
par ses instances, parvint à décider *Brillon* à quelques
sacrifices en faisant prendre à la charge de sa commune,
moitié de la dépense à faire sur le territoire de *Brillon*. Ces
travaux ont été exécutés principalement en 1845 et 1846. Ils
présentaient, en dehors de la question de dépense, des difficultés
d'exécution assez considérables. Dans une partie du parcours, il
a fallu faire des remblais fort élevés, construire des aqueducs,
des ponceaux, afin de rendre ces ouvrages durables en les met-
tant à l'abri des dégradations que causent dans cette contrée,
basse et humide, les fréquentes inondations de la *Scarpe*. Nous
vous dirons bientôt ce qu'il y a dans ceci de personnel à M.
le maire de *Bousignies*.

PRÉSEAU.

Les ressources de cette commune sont faibles aussi, et pourtant on y a fait beaucoup pour l'amélioration des chemins. Le
plus nécessaire, le chemin de *Préseau* à *Saultain*, qui va re-
joindre la route royale n° 45 de Marles à St.-Amand et Tour-
nay, en empruntant un chemin de *Saultain*, a été fait entièrement par *Préseau*, bien que les 9/10ᵉˢ environ du trajet
appartiennent au territoire de *Saultain*. Ce travail n'a pas
été exécuté sans rencontrer quelque opposition; d'autres
chemins sont en voie d'amélioration. Le sol de cette commune
est un peu accidenté, ce qui rend les travaux plus difficiles
et plus coûteux. Les prestations et les centimes additionnels
spéciaux sont à peu près tout ce dont la commune peut dis-

poser, mais les prestations volontaires des habitants viennent, sous l'impulsion de leur maire, suppléer l'exiguïté des ressources communales.

LECELLES.

M. *Bouchart*, maire de cette commune, a obtenu, comme nous l'avons dit, la médaille en or, au premier concours, en 1845, et nous sommes heureux de constater ici, après deux ans écoulés, que jamais récompense ne fut mieux méritée.

Le chemin de *Chorette*, qui a valu à M. le maire cette distinction et qui n'était point achevé alors, l'est aujourd'hui. Les constructions faites depuis présentent une étendue de *trois kilomètres* environ ; elles se continuent. Lorsqu'elles seront terminées, cette localité n'aura rien à envier aux plus favorisées sous le rapport des voies de communication. Mais pour cela il faut non seulement du zèle, mais du temps, et il en faut beaucoup : l'étendue du territoire ne comporte pas moins de 19 *kilomètres et demi* de développement.

MARLY.

Cette commune qui est, pour ainsi dire, un de nos faubourgs, avait des chemins en très-mauvais état ; celui de *Marly* à *Aulnoy*, notamment, était si dangereux que plusieurs fois des chevaux y ont péri. Il a été rendu viable exclusivement aux frais du maire. Ce n'est pas tout ce qu'a fait M. *Locqueneux* pour la vicinalité de sa commune. Le chemin de *Préseau*, précédemment impraticable, a été nivelé ; on a construit

500 *mètres* de pavé, 800 *mètres* de cailloutis, des ponceaux, des aqueducs. Les prestataires n'ont rien voulu faire au delà de leurs cotisations obligatoires. M. *Locqueneux* l'a achevé seul, en employant à ce travail ses nombreux attelages, et il a rendu en cela un signalé service à sa commune.

SAULTAIN.

Avant l'établissement de M. *Hamoir-Boursier*, à *Saultain*, il y a environ 20 ans, cette commune, comme presque toutes alors, comme trop d'autres encore aujourd'hui, n'avait pas de chemins praticables. Maintenant, toutes les rues et la presque totalité des chemins vicinaux sont en parfait état. Les chemins ont été élargis, nivelés, empierrés ; des pavés construits, des ouvrages d'art exécutés, et cela, sans contredit, grâces aux soins, au zèle, aux efforts personnels de M. *Hamoir-Boursier*, aujourd'hui maire.

HERGNIES.

Cette commune a des revenus, et son maire, M. *Defernez*, sait lui en créer. Les chemins, cet objet de première nécessité pour la vie communale, ne pouvaient manquer, sous son administration, d'être bien entretenus. Pendant le dernier hiver, pour fournir du travail aux malheureux et alléger ainsi la misère publique, la commune a fait une dépense qui n'est pas sans importance pour commencer le pavage du chemin du *Sars*.

VIEUX-CONDÉ.

Les chemins de cette commune, l'une des plus considérables et aussi des mieux administrées de notre arrondissement, sont nombreux et parfaitement viables ; mais M le maire, loin de s'en prévaloir, en attribue tout le mérite, si mérite il y a dans l'espèce, à la *compagnie des mines d'Anzin*. Cette compagnie qui les a fait construire en grande partie, pour le besoin de ses exploitations sur le territoire de cette commune, est obligée de les entretenir pour le service de ses établissements, et elle le fait, il faut lui rendre cette justice, sans que l'administration ait recours contre elle aux moyens de contrainte que la loi met à sa disposition (1).

ARTRES.

Des ouvrages de déblais, de remblais ,et d'empierrements, assez considérables, ont été faits, en 1845, dans cette commune, mais il serait superflu d'entrer à cet égard dans aucun détail.

---

(1) Toutes les fois qu'un chemin vicinal, entretenu à l'état de viabilité, par une commune, sera habituellement ou temporairement dégradé par des *exploitations de mines...* il pourra y avoir lieu à imposer aux entrepreneurs ou propriétaires... des subventions spéciales... (Loi du 21 mai 1836, art. 14).

III.

Après vous avoir signalé, Messieurs, les travaux les plus remarquables exécutés, en ces derniers temps, dans l'intérêt de la vicinalité de notre arrondissement , nous avons à vous faire connaître quels sont, parmi les maires des communes que nous avons visitées, ceux qui ont le plus de titres à vos suffrages.

Mais, d'abord , M. *Benezech de Saint-Honoré*, maire de *Vieux-Condé*, l'un de vos membres correspondants les plus distingués et M. *Defernez*, maire d'*Hergnies*, nous ont déclaré, l'un et l'autre, avec une modestie à laquelle vous rendrez hommage, qu'ils ne revendiquaient point, personnellement, le mérite de la situation vicinale de leurs communes.

Nous écarterons du concours MM. les maires de *Lecelles*, *Saultain, Marly* et *Artres*.

En voici les motifs :

M. le maire de *Lecelles* a bien continué d'employer tout le zèle dont il est doué, toute l'influence qu'il exerce sur ses administrés pour étendre dans sa commune les bienfaits d'une bonne vicinalité. Ses sacrifices personnels ne se sont point démentis non plus, depuis 1845, et ils ont eu pour résultat d'entraîner ceux des propriétaires. Car, dans cette commune, c'est surtout au concours volontaire des habitans que l'on doit les travaux qui s'y exécutent. M. le maire laisse chaque *section* concentrer ses ressources en vue de la construction du chemin qui lui est le plus nécessaire, et lorsque le hameau s'est engagé à fournir, soit en argent, soit en nature, une forte partie de la dépense à faire, la commune intervient. M. le maire, à l'instigation de qui s'organisent les souscriptions, y contribue toujours personnellement, et c'est ainsi qu'il a mis sa commune, sous le rapport vicinal, dans une voie de progrès et d'amélioration très-remarquable. Mais votre commission n'a pas pensé que ce qui s'est fait pendant les années 1843 et 1846 puisse donner lieu à décerner à M. *Bouchart* une seconde fois, quant à présent, le prix proposé.

Certainement, et nous sommes heureux de le répéter, c'est au zèle éclairé de M. *Hamoir-Boursier*, maire actuel, que *Saultain* doit son excellente vicinalité. De toutes les communes de l'arrondissement qui n'ont qu'un revenu à peine suffisant pour le service municipal, c'est assurément une de celles où il a été le plus fait pour les chemins. Mais M. le maire de *Saultain,* vous le regretterez comme nous, ne se trouve pas dans les conditions du concours, puisque nous ne pouvons admettre que les travaux faits pendant les exercices 1843 et 1846. Or, l'amélioration des chemins de cette commune est le résultat de 20 ans de soins, persévérance louable sans doute ; toutefois, il ne nous est pas permis de là prendre en considération en donnant à votre programme une extension qu'il ne comporte point. Car, vous ne voulez pas, Messieurs, remonter au delà de votre point de départ ; vous auriez trop à faire. L'exiguité de nos ressources ne nous permettait que d'encourager l'avenir, sans pouvoir récompenser le passé.

Quelque louables que soient les efforts généreux de M. le

maire de *Marly*, les ouvrages faits dans sa commune, en 1845 et 1846, et qui ne sont qu'une partie de ceux dûs à son zèle et à ses sacrifices, n'ont pas paru à votre commission pouvoir être mis en parallèle avec ceux exécutés ailleurs et entre lesquels vous avez à choisir. Vous nous dispenserez, Messieurs, d'établir à cet égard aucun point de comparaison. Nous ne devons pas déprécier, même par voie de rapprochement, là où nous n'avons qu'à féliciter. Nous aimons mieux vous prier de ne pas perdre de vue ce zèle soutenu sur lequel il serait possible que la société eut à porter ultérieurement son attention.

Les ouvrages faits en 1845, dans la commune d'*Artres*, sont dûs, non au zèle du maire de cette époque, qui n'y a été pour rien, mais bien à celui de M. *Leduc*, ancien maire et de M. d'*Haussy*, maire actuel. Il a semblé à votre commission, au surplus, que vous n'aviez pas à vous arrêter à ces travaux, parcequ'ils sont primés, dans l'ordre d'importance, par ceux des autres communes dont nous avons à vous entretenir.

IV

La lutte reste donc engagée entre MM. les maires de *Bousignies*, *Préseau* et *Haspres*, et, ici, Messieurs, notre tâche devient plus délicate, car nous voulons être justes avant tout, et nous voudrions l'être, chose difficile ! de l'aveu des trois concurrens sur les titres desquels nous avons à revenir pour les faire valoir selon le mérite de chacun.

M. le maire de *Bousignies* a fait beaucoup, considérablement,

eu égard aux faibles ressources de la commune, pour la viciua-
lité. Vous en connaissez les résultats. Vous avez, à présent, à ap-
précier l'intervention de M. *Hennocq*. Cette intervention a été
décisive, et, sans elle, la commune serait inabordable, comme
autrefois. Du matin au soir sur les travaux, au milieu des prestataires, prenant la plus rude part des ouvrages manuels, c'est à son
exemple qu'il faut reporter la bonne volonté que les habitants
ont mise à faire des prestations volontaires. Comment les administrés pourraient-ils refuser de donner un coup de pioche lorsque le maire en donne deux ? Comment seraient-ils en retard
si le maire se trouve le premier sur les chantiers ? C'est ce que
M. *Hennocq* a fait ; il a fait autre chose encore. Pour construire
de bons chemins les bras ne suffisent pas, il faut des matériaux, et
souvent les communes ne peuvent s'en procurer faute d'argent.
Telle était la position de la commune de *Bousignies ;* cet
obstacle n'a pas arrêté M. le maire ; il a fait les avances nécessaires pour l'acquisition de ces matériaux, et il s'en fait rem-
bourser chaque année, petit à petit, au moyen du faible produit
des centimes affectés aux chemins vicinaux. Cette sollicitude a
frappé votre commission, et elle vous proposerait, à l'instant,
de la récompenser en décernant à M. *Hennocq* la médaille d'or
si cette sollicitude n'était surpassée, non par des efforts plus
dévoués, mais par des résultats plus considérables.

A ce que nous avons dit précédemment de la vicinalité de la
commune de *Préseau*, nous ajouterons quelques mots seulement
sur les circonstances qui militent en faveur de M. le maire. Sous
le rapport du zèle, il n'a rien à envier à ses deux compétiteurs ;
on ne pourrait lui demander un travail personnel effectif ;
M. *Chuffart* est un vieillard fort peu ingambe, il ne peut se
rendre sur les travaux qu'à l'aide de sa modeste monture, mais
il n'y manque pas ; il y est du matin au soir, excitant, encoura-

geant par sa présence le zèle des prestataires. Nous venons de
vous dire que M. le maire ne peut aller à pied sur les travaux ;
cela est vrai à cause de son grand âge, cela est vrai encore par
un autre motif : il n'y a plus guère qu'un mauvais chemin dans
la commune de *Préseau*, et c'est précisément celui qui conduit
à la demeure du maire. M. *Chuffart* nous a paru aussi, quoique à un degré moindre que son collègue de *Bousignies*,
mériter une récompense.

Votre commission, Messieurs, n'aurait pas hésité à placer en
première ligne, M. le maire d'*Haspres* à qui on doit, en grande partie, le classement du *chemin de grande communication
n° 45 de Denain à Solesmes*, si on ne nous avait objecté que
M. *Caullet* se trouvait en dehors des conditions du concours.
Cette objection était tirée des termes du programme qui ne
parle que de la *vicinalité de la commune* et non des routes,
auxquelles on pouvait, disait-on, assimiler les *chemins de
grande communication*.

Votre commission a combattu cette interprétation restrictive
de l'esprit de votre programme.

Elle s'est demandée si ces mots : *dans la vicinalité de sa
commune* étaient exclusifs des avantages obtenus dans l'intérêt
de la *vicinalité de plusieurs communes;* autrement, si on ne
pouvait admettre au concours un maire qui arrive, pour le
plus grand bien de tout une contrée, à un résultat notable, pré-
dominant, par cela seul que le succès dépasse les limites de la
vicinalité d'une commune ?

Cette hypothèse a été, de notre part, l'objet d'un sérieux

2

examen, et nous tenons à justifier la solution que , sauf votre sanction, nous y avons donnée.

Un chemin *de grande communication* est il un chemin *vicinal* ? Si, oui, il n'y a pas de raison pour l'exclure du concours. Si, non, au contraire, il ne devrait pas y être admis, la société se proposant seulement d'encourager l'amélioration de la *vicinalité*.

La loi du 21 mai 1836 résout cette question. Il serait inutile de remonter plus haut pour trouver cette décision. Ce n'est pas que la *vicinalité* soit une invention moderne. La dénomination de *chemins vicinaux* a été empruntée au droit romain : *vicinales sunt viæ quæ in vicis sunt, vel quæ in vicos ducunt.* Mais cette définition, qui ne comprend que les voies existantes dans les villages, ou conduisant à des villages, est bien loin de donner une idée complète de ce qu'est aujourd'hui notre système de *vicinalité*. Nous ne parlerons pas de l'ancien régime, à la faveur spoliatrice duquel les seigneurs s'étaient appropriés les chemins publics, les rues et les places des villages , bourgs ou villes. Il a fallu la nuit à jamais immortelle du 4 août 1789, pour faire rentrer les communes dans leurs droits de propriété et de voirie sur les chemins publics (1). La législation , jusques et y compris la loi du 28 juillet 1824 , l'une des plus fécondes que nous ait léguées la Restauration, n'avait jamais connu qu'une sorte de *chemins vicinaux*, ceux *reconnus pour être nécessaires aux communications des communes.* Ce n'est qu'en 1836 que les pouvoirs législatifs ont adopté, entre les chemins, une distinc-

----

(1) Loi du 26 juillet — 15 août 1790.

tion, par une disposition ainsi conçue : « Les *chemins vicinaux*
» pourront, selon leur importance, être déclarés *chemins vici-*
» *naux de grande communication* (1). »

A la simple lecture de ce texte on pressent déjà quel est le vé-
ritable caractère de ces derniers.

« Les chemins auxquels cette faveur est accordée — dit M. le
» ministre de l'Intérieur (2) — prennent le nom de *chemins*
» *vicinaux de grande communication.* Toutefois, l'addition
» des mots *de grande communication* n'ôte pas aux chemins
» dont il s'agit le caractère de *chemins vicinaux ;* ils restent
» *chemins vicinaux ;* ils en conservent tous les privilèges ; ils
» sont imprescriptibles ; la répression des usurpations reste
» dévolue à la juridiction des conseils de préfecture ; le sol de
» ces chemins continue d'appartenir aux communes ; les com-
» munes demeurent chargées de pourvoir à leur entretien, au
» moins en partie ; les fonds départementaux qu'il est permis
» d'y affecter viennent à la décharge des communes, non pas
» comme dépenses départementales directes , mais comme
» subvention ; les travaux qui se font sur ces chemins sont
» donc des travaux communaux et non point des travaux dé-
« partementaux.... »

A une interprétation aussi nette et aussi rationnelle nous
n'avons rien à ajouter; la seule chose qui nous reste à faire

---

(1) Art. 7 de la loi du 21 mai 1856.
(2) Instruction du 24 juin 1856 pour l'exécution de la loi du 21
mai.

c'est de vous expliquer la part que M. le maire d'*Haspres* a prise au classement du chemin de *Denain à Solesmes*.

M. le maire d'*Haspres*, comme vous l'avez vu, avait amené son conseil municipal, en 1837, à voter une dépense de 50,000 fr. environ pour la construction du principal chemin de la commune, celui conduisant d'*Haspres à la Croix-Sainte-Marie*. Dès cette époque, il essaya, mais en vain, de faire profiter ce chemin des avantages de la loi qui venait d'être promulguée. Le conseil-général ajourna indéfiniment à statuer sur cette demande.

En 1843, la construction de ce pavé étant achevée et les chemins les plus nécessaires aux diverses contrées du département étant classés au rang *de grande communication*, M. le maire reprit son idée première. Il réclama et obtint le concours de plusieurs communes des deux arrondissements de Valenciennes et de Cambrai pour demander le classement d'un chemin de *Denain à Solesmes*, par *Haspres*, qui se trouvait dès lors en partie construit par cette dernière commune.

Le conseil d'arrondissement de Valenciennes avait recommandé ce projet à l'intérêt de l'administration, mais le conseil d'arrondissement de Cambrai, au contraire, était d'avis qu'il n'y avait pas lieu de s'occuper de ce nouveau chemin aussi long-temps que celui de *Cambrai à Solesmes* n'aurait pas été terminé.

« Le chemin de *Denain à Solesmes* serait sans contredit fort utile — disait M. le Préfet, — mais il faudrait que le concours des communes en favorisât l'exécution. Or, la dépense excéderait évidemment les ressources des 5 à 6 communes intéressées au

chemin, et le département ne pourrait d'ailleurs d'ici à long-
temps leur accorder un subside. Tout projet de classement d'un
chemin de *Denain à Solesmes* doit donc être forcément
ajourné. » Cependant, les démarches personnelles faites par M. le
maire, à l'appui de sa demande, auprès des membres du conseil-
général, n'avaient point été stériles. « De tous ceux qui restent
à exécuter dans les arrondissements de Cambrai et de Valenciennes, le chemin de *Denain à Solesmes* — porte le rapport
de la commission du conseil-général — est celui qui présente
au plus haut degré le cachet de *grande vicinalité.* Il unirait les
trois arrondissements de Valenciennes, de Cambrai et d'Avesnes,
par une ligne diagonale non interrompue, depuis *Etræungt* et
le département de l'Aisne, jusqu'à *Bouchain ;* il ouvrirait une
communication directe avec le chef-lieu judiciaire du département et les établissements houillers et métallurgiques de *Denain,*
en traversant une foule de communes populeuses et en coupant
plusieurs routes royales et départementales. » Et le conseil
invita M. le Préfet, nonobstant son avis d'ajournement, à faire
faire l'étude de ce chemin et à user de tous ses moyens d'influence et d'action auprès des localités pour qu'elles réunissent
les ressources nécessaires à une création aussi éminemment
utile (1).

L'utilité publique ainsi bien constatée, l'intervention de l'administration une fois acquise à ce chemin, l'essentiel était,
selon les expressions de M. le préfet, *d'obtenir le concours des
communes pour en favoriser l'exécution.* Un projet fut rédigé

---

(1) Procès-verbaux des délibérations du conseil-général, session
de 1843, pages 258 et 259.

par MM. les ingénieurs, qui évaluaient la dépense à 195,600 fr. dont moitié, soit 97,800 fr., devait être supportée, conformément à la loi, par les communes et les établissements intéressés. Les communes désignées pour concourir à la dépense étaient cette fois au nombre de 20, plus la *compagnie des mines d'Anzin,* 15 communes refusèrent toute subvention, les 5 autres avaient voté ensemble 37,000 fr. M. le Préfet avait ses raisons pour croire que la subvention de la *compagnie* serait de 30,000 fr. Il n'aurait donc plus manqué que 10,300 fr., qu'on aurait facilement obtenus du concours volontaire ou forcé des nombreuses communes intéressées. M. le Préfet, d'après ces données, proposa le classement, au rang de *grande communication,* du chemin de *Denain à Solesmes,* par *Haspres.* Mais, après la présentation de son rapport, qui aurait certainement été adopté, il fit connaître au conseil-général que la *compagnie d'Anzin* ne voulant plus donner que 30,000 fr., il retirait sa proposition, et l'ajournement fut prononcé (1).

Cette déception remettait tout en question.

En 1845, M. le vicomte de St.-Aignan, qui avait fait tous ses efforts pour que le chemin fût classé, n'était plus Préfet du Nord. L'impossibilité de réunir les fonds nécessaires au moment où il y comptait avait forcé ce magistrat, à renoncer à un projet auquel il avait appliqué cette volonté insistante qu'il apportait dans les affaires.

Ce chemin se représentait bien, en 1845, avec l'appui et l'of-

---

(1) Procès-verbaux des délibérations du conseil-général, session de 1844, pages 214 et 215.

fre de concours des communes et de la *compagnie d'Anzin*, mais le tracé et les rôles étaient changés.

Dans la session de 1844, le Préfet désirait le classement et une partie des communes intéressées et principalement la *compagnie d'Anzin* n'offraient qu'un concours imparfait, insuffisant.

En 1845, la *compagnie d'Anzin* avait porté son offre de contribution à 40,000 fr, abandonnant, de plus, un pavé de 800 *mètres* construit à ses frais et s'engageant à établir un pont sur *l'Escaut*. *Quatre* communes avaient contracté l'obligation de contribuer à la dépense pour 75,000 fr. Une seule d'entre elles, la commune d'*Haspres*, abandonnait le chemin dont la confection récente lui avait coûté 50,000 fr. La moitié incombant aux localités dans la dépense de construction, que les devis portaient à 266,500 fr. était entièrement couverte et assurée.

Mais le nouveau Préfet, M. le baron Maurice Duval, refusait à son tour de proposer le classement.

Ce chemin, il faut en convenir, jouait de malheur.

Quelle pouvait être la cause de cet ajournement? La voici :

La direction du chemin avait été modifiée, et c'est à cette modification que l'on devait l'offre de concours beaucoup plus élevée, de la *compagnie d'Anzin* et des communes.

Le scrupule qui arrêtait M. le Préfet était né d'un sentiment louable; il balançait entre le dernier tracé et le précédent; il craignait de se laisser entrainer à une mesure qu'il aurait lieu plus tard de regretter. Il voulait, nouveau dans ce département, voir et juger par lui-même. Il ajourna la proposition de classement à la session de 1846, nonobstant la crainte manifestée par la commission du conseil-général que les offres de concours des communes et de la *compagnie d'Anzin* s'évanouissent encore dans l'intervalle des deux sessions (1).

Tant il est vrai, Messieurs, que l'intérêt, ce premier mobile pourtant des actions des hommes, a besoin, quand il doit répondre à une expression générale et non individuelle, d'être stimulé vivement : c'est en administration surtout qu'on en fait chaque jour l'expérience.

Il fallait donc ne pas laisser amortir la bonne volonté des communes et établissements intéressés.

M. le maire d'*Haspres*, qui, chaque année, en 1843, en 1844, en 1845, n'avait cessé, entre les sessions, de stimuler et d'entretenir le zèle de ses collègues, de maintenir les bonnes dispositions des conseils municipaux et de la *compagnie d'Anzin*, ne se rebuta pas. Il redoubla d'efforts, au contraire, pour que le projet reparut, enfin, en 1846, avec toute chance d'obtenir son classement, si désirable et si vivement désiré.

En effet, M. le Préfet qui s'était pénétré de l'utilité et de

_____

(1) Procès-verbaux des délibérations du conseil-général, session de 1845, pages 201 et 202.

l'importance du chemin de *Denain à Solesmes* en proposa le classement. La dépense était évaluée à 266,000 fr. (1).

Toutefois, la commission du conseil-général se livra à un nouvel examen de l'affaire. Il manquait 7,000 fr. pour que la moitié de la dépense fut souscrite par les communes et établissements intéressés. La discussion amena néanmoins le conseil à prononcer le classement, M. le Préfet ayant pris, séance tenante, l'engagement de faire compléter la somme de 133,000 fr. que devait nécessairement atteindre le contingent des localités, au moyen des centimes que la loi lui donne le droit d'imposer aux communes qui refusaient leur concours (2).

Vous savez maintenant, Messieurs, après quelles vicissitudes, au milieu de quelles difficultés a été obtenu le classement, au rang de *grande communication*, du *chemin de Denain à Solesmes*. Or, il est à la connaissance intime de votre commission, que M. le maire *d'Haspres* a été l'agent le plus actif de cette affaire. Sans sa persistance la commune n'aurait pas fait l'énorme dépense de 50,000 fr. qui a été la raison première du classement de ce chemin ; sans les innombrables démarches qu'il fit, pendant plus de quatre ans, auprès de ses collègues, des conseils municipaux, des membres du conseil-général, de la *compagnie d'Anzin*, des préfets, ce chemin, nous en avons la conviction profonde, n'existerait pas encore, n'aurait peut-être jamais

---

(1) Procès-verbaux des délibérations du conseil-général, session de 1846, pages 240 et 241.

(2) Procès-verbaux des délibérations du conseil-général, session de 1846, pages 178, 245 et 246.

existé. C'est ce résultat considérable qui nous a paru dominer parmi les titres divers que nous vous avons signalés.

Il y a là à récompenser un zèle et une influence personnelle qui ont amené, ou du moins contribué efficacement, puissamment, à amener, relativement, l'amélioration la plus remarquable qui se soit produite, pendant les années 1845 et 1846, dans la vicinalité de nombreuses communes de notre arrondissement, lesquelles se trouvent dotées d'un grand chemin dont elles n'ont plus à faire que la moitié des frais d'entretien.

Mais cette circonstance, toute exceptionnelle, ne nous commande-t-elle pas, Messieurs, d'élargir, exceptionnellement aussi, le cadre de notre programme ?

De ce qu'un fait, comme celui que vous avez à récompenser, s'est produit, il ne s'en suit pas, ce nous semble, que nous devions méconnaître d'autres efforts qui, pour avoir été moins heureux, plus modestes, sont cependant très-méritoires.

Aussi, Messieurs, votre commission a l'honneur de vous proposer :

1° De décerner la médaille en or, à M. *Caullet*, maire de la commune *d'Haspres* ;

2° De décerner une médaille en vermeil à M. *Hennocq*, maire de la commune de *Bousignies* ;

3° De décerner une médaille en argent à M. *Chuffart*, maire de la commune de *Préseau* ;

4° De décerner une mention honorable à MM. *Bouchart*, maire de *Lecelles*, *Hamoir-Boursier*, maire de *Saultain*, *Locqueneux*, maire de *Marly*.

Nous vous demanderons aussi, Messieurs, un témoignage de votre satisfaction pour MM. les Agens-voyers de l'arrondissement. Leur utile concours vous a été acquis chaque fois que vous l'avez réclamé. Nous verrions donc avec plaisir qu'une médaille d'argent fut décernée à MM. *Vitrant* et *Lefebvre-Mallet*, comme expression de votre gratitude.

Nous ne terminerons pas, Messieurs, sans vous proposer un vote de remerciments en faveur de notre ancien président (1). C'est, en partie, à son intervention que nous devons l'élan donné au zèle des maires par vos récompenses, qu'il s'appliquait à faire valoir en toute occasion. Si cette proposition m'était exclusivement personnelle, je serais assez embarrassé pour la produire, quoique ma voix, qu'il a journellement entendue pendant dix-sept ans, ne l'ait jamais flatté. Mais, organe de votre commission, je crois être son fidèle interprète, et je me flatte de devenir le vôtre, en reportant à M. *le baron Petit de Lafosse*, une part du succès obtenu par le concours dont nous nous occupons.

Nous déposons sur votre bureau, Messieurs, une statistique des chemins vicinaux de notre arrondissement, dressée par MM. les Agens-voyers. Elle figurerait utilement dans vos mémoires; on verrait quel est l'état des chemins vicinaux et ce qui reste à faire pour doter l'arrondissement d'un bon système de vicinalité.

Valenciennes, le 15 septembre 1847.

---

(1) M. le baron Petit de Lafosse, alors sous-préfet de Valenciennes, aujourd'hui Préfet de la Creuse.

« La Société , après avoir entendu la lecture de ce rapport avec la plus vive attention , DÉCIDE qu'il sera imprimé dans les mémoires et que des exemplaires tirés à part seront adressés aux membres du conseil général et à tous les maires de l'arrondissement. »

Séance du 8 décembre 1847.

RENSEIGNEMENTS

STATISTIQUES

SUR

LES CHEMINS VICINAUX

DE

L'ARRONDISSEMENT DE VALENCIENNES,

au 31 décembre 1846.

NOMS des COMMUNES.	CHEMINS.		En quel état ils sont.	Parties de chemin à empierrer ou à paver pour établir une bonne communication avec une route pavée.	Importance des travaux exécutés eu égard à ceux à faire.	RESSOURCES Prestations: montant du rôle en argent.
	Nombre.	Longueur.				
		mètres.				f. c.
ABSCON.	6	8,930	Assez bon	A continuer l'empierrement du chemin de Denain.	Construction d'un pavé de de longr sur le chemin de Marquette.	1,190
ANZIN.	9	6,199	Bon.	»	Considérable.	856
ARTRES.	9	19,862	Assez bon.	»	Améliorations diverses avec silex et de pavement pour combler une lacune dans la grande chaussée.	1,476
AUBRY.	5	5,400	Médiocre.	»	Grande.	624
AULNOY.	9	10,794	Bon.	A empierrer ou paver celui de Valenciennes.	Très bon emploi des ressources.	1,105
AVESNES-LE-SEC.	8	15,403	Médiocre.	A paver tout le chemin d'Horduing.	Plusieurs améliorations dans les terrassements.	2,124

DE 1846. Produits des compts spéciaux, revenus ou fonds libres.	LES MATÉRIAUX POUR LES AMÉLIORATIONS — Sont-ils faciles ou difficiles à se procurer ?	Faut-il les acheter ?	Le sol est-il bon pour les empierrements et le maintien des terrassements?	La disposition du chemin prête-t-elle à la dégradation ?	Les dégradations viennent-elles de cette disposition ou du voisinage des mines et carrières ?
f. c. 6,589,57	Pierres brûlées et laitier faciles	Non.	Oui.	Non.	De deux usines de l'exploitation des mines.
430	Faciles.	Scories, non ; grès et sable, oui.	Il y est propre.	Oui.	Oui.
5,459	Facilement du silex.	A acheter.	Peu pour les terrassements.	Oui, en grande partie encaissées.	Oui et de deux fabriques.
224,85	Faciles.	Scories, non ; grès et sable, oui.	Il y est propre.	Oui.	Oui.
716,00	Facilement du silex et écailles.	A acheter.	Bon.	Quesques parties encaissées.	de la disposition.
487,50	Il n'y en a pas de bon à moins que de payer.	Les uns presque pour rien les au'res très-chers.	Non marneux, facilement délayé par les pluies.	Une grande partie trop large.	Oui et par une fabrique.

NOMS des COMMUNES.	CHEMINS.		En quel état ils sont.	Parties de chemin à empierrer ou à paver pour établir une bonne communication avec une route pavée.	Importance des travaux exécutés en égard à ceux à faire.	RESSOURCES Prestations : montant du rôle en argent.
	Nombre.	Longueur.				
		mètres.				f. c.
BELLAING.	4	3,565	»	Néant.	Très-petite.	558
BEUVRAGES.	6	6,505	Bon.	»	Moyenne.	464
BOUCHAIN.	5	3,700	Bon.	»	Bonnes réparations.	»
BOUSIGNIES.	6	5,880	Tres-bon.	Néant.	Très-grande.	»
BRILLON.	3	2,400	Idem.	Idem.	Idem.	187,55
BRUAY.	9	9,600	Passables.	Idem.	Petite.	1,272 »
BRUILLE-LEZ-St.-AMAND.	7	12,707	Passable.	4,200 m. grand chemin estimation 25,000. Projet en instruction.	Très-petite.	»

DE 1846. Produits des centim. spéciaux, revenus ou fonds libres.	LES MATÉRIAUX POUR LES AMÉLIORATIONS		Le sol est-il bon pour les empierrements et le maintien des terrassements?	La disposition du chemin prête-t-elle à la dégradation?	Les dégradations viennent-elles de cette disposition ou du voisinage des mines et carrières?
fr. c.	sont-ils faciles ou difficiles à se procurer?	Faut-il les acheter?			
	Comme les communes précédentes; transport un peu plus coûteux.	Scories, non; grès et sable, oui	Il y est propre presque partout.	Oui.	Très-peu.
258,76	Comme Aubry.	Id.	Id.	Oui.	Très-peu.
276	Il n'y a de possible que des pavés.	»	Non pour les terrassements.	Non.	Des usines des communes voisines.
104,80 300,00	Transport coûteux.	Scories, non; grès, sable, oui.	Il y est propre presque partout.	Non.	Non.
1788,45	Id.	Id.	Id.	Oui.	Id.
190 »	Comme Anzin.	Id.	Id.	Oui.	Des transports de bois et betteraves.
460,65	Faciles.	Oui.	Oui.	Non, sauf les parties inondées.	Non, de l'usage ordinaire.

NOMS des COMMUNES.	CHEMINS.		En quel état ils sont.	Parties de chemin à empierrer ou à paver pour établir une bonne communication avec une route pavée.	Importance des travaux exécutés eu égard à ceux à faire.	RESSOURCES Prestations : montant du rôle en argent.
	Nombre.	Longueur.				
		mètres.				f. c.
CHATEAU-L'ABBAYE.	6	8,707	Le principal très-bon ; le reste sujet à l'inondation.	»	Grande.	430,00
CONDÉ.	5	19,905	Passable.	»	Petite.	»
CRESPIN.	5	7,537	Le principal bon ; le reste passable.	»	Grande ou moyenne.	»
CURGIES.	4	4,430	Bon.	»	Bon entretien et améliorations	1,242
DENAIN.	11	16,597	Bon.	»	Grande amélioration de plusieurs parties.	3,771
DOUCHY.	7	7,573	Très médiocre.	»	Faible entretien; à empierrer en laitier celui de Denain.	1,498
EMERCHI-COURT.	9	9,535	Bon.	L'empierrement de celui d'Abscon à compléter.	Amélioration de celui d'Abscon.	330

DE 1846. Produits des centim. spéciaux, revenus ou fonds libres.	LES MATÉRIAUX POUR LES AMÉLIORATIONS, sont-ils faciles ou difficiles à se procurer ?	faut-il les acheter ?	Le sol est-il bon pour les empierrements et le maintien des terrassements?	La disposition du chemin prête-t-elle à la dégradation ?	Les dégradations viennent elles de cette disposition ou du voisinage des mines et carrières?
fr. c. 4,358 »	Faciles.	Oui.	Oui, en remblayant les parties sous l'inondation.	Non, sauf les parties inondées.	Non, de l'usage ordinaire.
300 »	Id.	Id.	Oui.	Non.	Id.
336,66	Scories, oui ; grès et sable, non.	Scories, non ; grès et sable, oui.	La moitié environ, oui.	Oui, dans les parties en terrain naturel.	De cette disposition et du voiturage des betteraves et chicorées.
342 »	Facilement du silex.	A acheter.	».	Bon.	D'une usine et de celles des communes voisines
466 »	Facilement du laitier ; scories et pierres brûlées.	Non.	»	Non.	Des mines et usines
100 »	Id.	Non.	Très mauvais pour le terrassement.	Beaucoup.	De la grande fréquentation pour aller aux mines et pour plusieurs usines étrangères à la commune.
330 »	Assez facilement des scories de verreries.	Scories, non ; écailles, oui.	Bon.	Oui pour quelques-uns.	Éloignement de la route.

NOMS des COMMUNES.	CHEMINS.		En quel état ils sont.	Parties de chemin à empierrer ou à paver pour établir une bonne communication avec une route pavée.	Importance des travaux exécutés eu égard à ceux à faire.	RESSOURCES Prestations: montant du rôle en argent.
	Nombre.	Longueur.				
		mètres.				f. c.
ESCAU-DAIN.	12	18,419	Bon.	Restaurer complétement le chemin de Denain.	Grands remblais en laitier aux entrées de 3 chemins.	1,052
ESCAU-PONT.	5	3,785	Bon, sauf dans le marais.	»	Petite.	Prestations volon-
ESTREUX.	9	9,255	Médiocre.	Remanier le cailloutis de Saultain.	Très-faible.	1,020
FAMARS.	6	7,165	Assez-bon.	»	Réparations ordinaires.	»
FLINES-LEZ-MORTAGNE	9	20,360	Passable ; une amélioration notable a lieu annuellement.	»	Moyenne et très-grande.	1,731
FRESNES.	5	8,100	Bon, sauf dans le marais.	»	Moyenne.	»
HASNON.	6	13,450	Bon.	»	Grande et moyenne.	»

DE 1846. Produits des centim. spéciaux, revenus ou fonds libres.	LES MATÉRIAUX POUR LES AMÉLIORATIONS,		Le sol est-il bon pour les empierrements et le maintien des terrassements?	La disposition du chemin prête-t-elle à la dégradation?	Les dégradations viennent-elles de cette disposition ou du voisinage des mines et carrières?
	sont-ils faciles ou difficiles à se procurer?	faut-il les acheter?			
fr. c. 310 »	Facilement des terres brûlées et laitier.	Non.	Assez bon.	Oui ; plusieurs parties formant cuves.	Eloignement de la route.
en nature taires.	Scories, oui ; sable et grès, non.	Scories, non ; grès et sable, oui.	Oui ; sauf dans le marais.	Oui ; à la sortie des tailles et dans le marais.	Non ; de l'usage ordinaire, excepté la sortie des coupes de bois.
370 »	Silex sous le sol ou à peu de profondeur	Oui.	Non ; pour le terrassement.	Oui ; pentes encaissés.	Oui ; et d'une fabrique.
254 »	Facilement du silex et des écailles.	Oui.	Id.	Id.	Oui ; et principalement de deux fabriques.
1,557,81	Faciles.	Oui.	Oui.	Oui ; en certains endroits.	De l'usage ordinaire.
4,000 »	Scories, oui ; grès et sable, non.	Scories, non ; grès et sable, oui.	Oui, sauf dans le marais.	Oui, dans le marais ; le reste non.	Id.
3,308,85	Faciles.	Oui.	Oui.	Non.	Id.

NOMS des COMMUNES.	CHEMINS.		En quel état ils sont.	Parties de chemin à empierrer ou à paver pour établir une bonne communication avec une route pavée.	Importance des travaux exécutés en égard à ceux à faire.	RESSOURCES Prestations : montant du rôle en argent.
	Nombre.	Longueur.				
		mètres.				f. c.
HASPRES.	8	14,001	Assez-bon.	La commune est traversée par un chemin de grande communication inacheve.	Bien réparés.	1,748
HAUL-CHAIN.	6	6,945	Bon.	Paver ou perfectionner l'empierrement en laitier jusqu'à la route.	Améliorations générales.	978
HAVELUY.	8	8,205	Bon.	A améliorer l'empierrement du chemin de Denain.	Bonne réparation.	1,137
HÉLESMES.	3	4,600	Assez-bon.	»	Réparations ordinaires.	799,50
HERGNIES.	17	28,987	Bon.	»	Grande.	»
HERRIN.	7	9,019	Médiocre.	»	Bonne réparation.	1,163
HORDAING.	2	4,150	Idem.	Empierrer le chemin d'Avesnes-le Sec jusqu'à la route.	Commencement d'amélioration.	1,154

DE 1846. Produits des centim. spéciaux, revenus ou fonds libres.	LES MATÉRIAUX POUR LES AMÉLIORATIONS Sont-ils faciles ou difficiles à se procurer?	Faut-il les acheter?	Le sol est-il bon pour les empierrements et le maintien des terrassements?	La disposition du chemin prête-t-elle à la dégradation ?	Les dégradations viennent-elles de cette disposition ou du voisinage des mines et carrières ?
f. c. »	Difficilement du silex.	Oui.	Peu pour le terrassement.	Peu	De leur étendue, de plusieurs usines et de la circulation pour les communes voisines.
262	Facilement du laitier, scories et pierres brûlés.	Non.	Id.	Peu.	De deux usines de la commune et de celles voisines.
4,35	Id.	Non.	Bon pour les moins fréquentés.	Non.	Par les usines des communes voisines.
30 »	Non.	Non.	Assez bon.	»	Non.
3,961,27	Assez facile.	Oui.	Oui, presque partout.	Non, sauf quelques parties.	De l'usage ordinaire.
25 »	Facilement des terres brûlées mais elle sont éloignées.	Non.	Peu pour les terrassements.	Non.	Non.
»	Il n'y en a pas de bons ou ils sont très éloignés.	Oui, pour les écailles.	Mauvais.	Non.	Du sol et principalement des carrières de blanc

NOMS des COMMUNES.	CHEMINS.		En quel état ils sont.	Parties de chemin à empierrer ou à paver pour établir une bonne communication avec une route pavée.	Importance des travaux exécutés eu égard à ceux à faire.	RESSOURCES Prestations: montant du role en argent.
	Nombre.	Longueur.				
		mètres.				f. c.
LECELLES.	17	27,775	Bon; on y fait de grandes améliorations chaque année	»	Moyenne.	2,769
LIEU-St.-AMAND.	6	9,259	Fort médiocre.	Le chemin de Bouchain à empierrer ou paver.	Sans améliorations marquées.	625
LOURCHES.	4	3,640	Bon.	Le chemin principal est classé de grande communication mais il n'est pas encore construit.	Grande amélioration pour plusieurs.	993
MAING.	8	15,005	Mauvais.	»	Faible entretien.	1,708
MARLY.	10	12,875	Bon.	»	Bonne réparaton des principaux.	»
MAR-QUETTE.	9	11,747	Assez bon	»	Bon entretien.	1,846
MASTAING.	6	9,012	Médiocre.	»	Assez bonnes réparations	1,002

DE 1846. Produits des centim. spéciaux, revenus ou fonds libres.	LES MATÉRIAUX POUR LES AMÉLIORATIONS		Le sol est-il bon pour les empierrements et le maintien des terrassements?	La disposition du chemin prête-t-elle à la dégradation?	Les dégradations viennent-elles de cette disposition ou du voisinage des mines et carrières ?
	sont-ils faciles ou difficiles à se procurer ?	Faut-il les acheter ?			
4633, »	Oui.	Oui.	Oui ; sauf quelques endroits.	Oui.	De l'usage ordinaire.
155	Oui	Acheter les écailles.	Fort mauvais.	Non.	Du sol et principalement des carrières de pierres.
428	Facilement des pierres brûlées et grès houille.	Acheter les grès.	Assez bon.	Non.	Du voisinage des mines.
350,45	Facilement du silex et des écailles	Oui.	Peu pour les terrassements.	Oui ; pour une très-grande partie.	Oui ; ainsi que du voisinage d'une usine et des transports de carrières de grès.
3,075,66	Silex éloigné ou grès.	Id.	Id.	Peu.	Oui ; ainsi que du voisinage d'une usine.
230	Ecailles de grès éloignées.	Id.	Assez bon.	Beaucoup.	Oui ; du voisinage de deux usines et du passage des voitures des communes voisines.
»	Terres brûlées et écailles éloignées.	Id.	Mauvais.	Beaucoup.	Oui ; et du passage des voitures des localités environnantes.

NOMS des COMMUNES.	CHEMINS.		En quel état ils sont.	Parties de chemin à empierrer ou à paver pour établir une bonne communication avec une route pavée.	Importance des travaux exécutés eu égard à ceux à faire.	RESSOURCES Prestations : montant du rôle en argent.
	Nombre.	Longueur.				
		mètres.				f. c.
MAULDE.	6	8,855	Assez bon; le principal très-bon.	»	Grande.	700
MILLON-FOSSE.	4	3,747	Bon.	»	Id.	»
MOR-TAGNE.	4	3,880	Bon.	»	Id.	»
MON-CHAUX.	5	7,196	Assez bon	Compléter l'empierrement du chemin de Maing.	Amélioration par des pierres et fossés.	783
NEUVILLE-SUR-ESCAUT.	7	7,785	Médiocre	»	Assez bon entretien.	816
NIVELLES.	13	12,525	Passable,	De St.-Amand rue basse 900 mètres, estimation 3,000 francs	Nulle.	»
NOYELLES-SUR-SELLE.	8	8,332	Assez bon.	Perfectionner le cailloutis de Douchy.	Très-bon entretien.	686

DE 1846. Produits des centim. spéciaux, revenus ou fonds libres.	LES MATÉRIAUX POUR LES AMÉLIORATIONS Sont-ils faciles ou difficiles à se procurer?	Faut-il les acheter?	Le sol est-il bon pour les empierrements et le maintien des terrassements?	La disposition du chemin prête-t-elle à la dégradation?	Les dégradations viennent-elles de cette disposition ou du voisinage des mines et carrières?
f. c. 556,60	Oui.	Oui.	Oui.	Non.	De l'usage ordinaire.
2500,	Id.	Id.	Oui, presque partout.	Non.	Id.
3,837 90	Id.	Id.	Oui, tous les chemins étant en remblais; sol factice.	Non.	Id.
489,06	Facilement du silex.	Acheter.	Bon.	Assez bonne.	De la fréquentation par les communes voisines.
»	Facilement des pierres brûlées.	Non.	Mauvais.	Id.	Par le passage continu des voitures étrangères venant au charbon.
192 »	Oui.	Oui.	Oui; sol sablonneux.	Non.	De l'usage ordinaire.
258,10	Facilement du silex, mais éloigné.	Oui.	Oui, en terre légère	Presque tous fort écaissés.	Beaucoup et même passage qu'à Neuville.

NOMS des COMMUNES.	CHEMINS.		En quel état ils sont.	Parties de chemin à empierrer ou à paver pour établir une bonne communication avec une route pavée.	Importance des travaux exécutés eu égard à ceux à faire.	RESSOURCES Prestations : montant du rôle en argent.
	Nombre.	Longueur.				
		mètres.				f. c.
ODOMEZ.	1	220	»	»	Nulle.	»
OISY.	6	5,080	Assez bon.	»	Très importans; le pavement de toute la commune jusqu'à la route.	369
ONNAING.	7	11,545	Mauvais.	»	Assez bon entretien.	2,104
PETITE-FORÊT DE RAISMES.	4	5,835	Mauvais, sauf le pavé de l'intérieur.	»	Grande.	213
PRÉSEAU.	8	10,682	Très-bon.	Perfectionner le cailloutis jusqu'à Saultain.	Très-bon entretien.	1,220
PROUVY.	6	5,900	Médiocre.	»	Faible entretien.	446
QUA-ROUBLE.	10	11,815	Bon.	»	Bon entretien.	1,518

DE 1846. Produits des centim. spéciaux, revenus ou fonds libres.	LES MATÉRIAUX POUR LES AMÉLIORATIONS, sont-ils faciles ou difficiles à se procurer?	faut-il les acheter?	Le sol est-il bon pour les empierrements et le maintien des terrassements?	La disposition du chemin prête-t-elle à la dégradation?	Les dégradations viennent elles de cette disposition ou du voisinage des mines et carrières?
fr. c.					
»	Oui.	Oui.	Assez bon.	Oui.	De l'usage ordinaire.
9,695	Assez faci-lement pour les terres brûlées.	Non.	Mauvais, pour le chemin principal.	Peu.	Non, mais du sol.
376	Il faut aller loin chercher le silex.	Oui.	Mauvais; se détrempent facilement.	Id.	Viennent en totalité des nombreuses usines.
380,55	Scories oui; grès non; sable oui.	Scories, non; sable et grès oui.	Assez bon.	Oui.	Un peu du voiturage des charbons.
385	On tire le silex dans la commune.	Oui.	Très-bon.	Un peu dans les parties encaissées.	Oui, et de deux usines.
212,49	On peut ra-masser le silex sur les champs ou avoir facile-ment des scories à Trith.	Oui pour le silex.	Mauvais.	Non.	Viennent du sol en grande partie.
267	Facile-ment du silex ou des écailles de grès.	Acheter.	Assez bon.	Oui; pour plusieurs.	Oui, mais plus des usines voisi-nes et fabriques de chicorée de la commune.

NOMS des COMMUNES.	CHEMINS. Nombre.	Longueur.	En quel état ils sont.	Parties de chemin à empierrer on à paver pour établir une bonne communication avec une route pavée.	Importance des travaux exécutés en égard à ceux à faire.	RESSOURCES Prestations: montant du rôle en argent.
		mètres.				f. c.
QUÉRÉ-NAING.	4	4,139	Médiocre	Empierrer le chemin de Verchain.	Assez bien réparés.	855
QUIÉVRE-CHAIN.	6	7,149	Bon.	Empierrer le chemin de Blanc-Misseron.	Id.	753
RAISMES.	8	9,502	Bon état.	»	Grande.	»
ROEULX.	4	6,020	Assez bon.	Le chemin principal est classé de grande communication, mais il n'est point exécuté.	Bon entretien.	726
ROMBIES et MORCHI-PONT.	5	7,595	Id.	Perfectionner le cailloutis de Quarouble.	Assez bien réparés.	824
ROSULT.	11	12,310	Mauvais, sauf les endroits nouvellement pavés.	Vers St.-Amand 890 mètres, estimation 4,500 francs.	Moyenne.	1384
ROUVI-GNIES.	6	6,289	Assez bon.	Perfectionner l'empierrement du chemin de Prouvy.	Bien réparés.	188

DE 1846. Produits des centim. spéciaux, revenus ou fonds libres.	LES MATÉRIAUX POUR LES AMÉLIORATIONS, sont-ils faciles ou difficiles à se procurer ?	faut-il les acheter ?	Le sol est-il bon pour les empierrèmens et le maintien des terrassemerts?	La disposition du chemin prête-t elle à la dégradation ?	Les dégradations viennent-elles de cette disposition ou du voisinage des mines et carrières?
fr. c. 144	Facilement des écailles.	Acheter.	Bon, moins un endroit du chemin de Verchain.	Oui, presque tous encaissés.	Oui et des transports de grès.
230	Facilement du silex et des écailles en Belgique.	Id.	Peu pour les terrassemcnts.	Beaucoup pour l'un d'eux.	Oui, et d'une usine
1070,20	Scories et sable, oui ; grès, non	Scories, non ; sable et grés, oui.	Oui presque partout.	Oui.	De cette disposition et de la sortie des coupes de bois.
66	Facilement des pierres brûlées.	Non.	Peu pour les terrassements.	Celui de Denain Beaucoup.	Oui et des nombreuses voitures étrangères allant aux mines.
212	Facilement du Silex.	Acheter.	Bon.	Oui, pour les principaux.	Oui et des voitures étrangères allant au charbon à Fresnes et Condé.
3176,71	Difficiles.	Oui.	Non, en majeure partie.	Oui.	De l'usage ordinaire.
121	Facilement des terres brûlées et laitier	Non.	Bon, deux chemins exceptés.	Oui, par le niveau des eaux.	Par les eaux.

NOMS des COMMUNES.	CHEMINS.		En quel état ils sont.	Parties de che-min à empierrer ou à paver pour établir une bonne commu-nication avec une route pavée.	Importance des travaux exécutés eu égard à ceux à faire.	RESSOUR-CES
	Nombre.	Lon-gueur.				Presta-tions: montant du role en argent.
RUMEGIES.	4	4,350	Passable.	A perfectionner l'empierrement du chemin de Prouvy.	Presque nulle.	131
St.-AMAND.	27	33,770	Passable; grandes améliorations annuelles.	»	Assez grande.	Prestations en nature volon-taire par les habitans des hameaux et cultivateurs de la ville.
St.-AYBERT.	3	2,550	Bon, sauf le chemin de Crespin; sol intraitable en pavé au bout annuelle-ment.	»	Très-grande.	636
St-.SAULVE.	8	17,200	Bon, sauf les parties en terre.	»	Moyenne.	1,704
SARS-ET-ROSIÈRES.	8	5,075	Bon, presque tout est pavé.	»	Très-grande.	174
SAULTAIN.	9	13,005	Bon.	»	Très-bon entretien.	»
SEBOURG.	7	19,485	Assez bon.	Rétablir les fossés du chemin de Curgies.	Bon entretien pour les principaux.	1,850

DE 1846. Produits des centim. spéciaux, revenus ou fonds libres.	LES MATÉRIAUX POUR LES AMÉLIORATIONS, sont-ils faciles ou difficiles à se procurer?	faut-il les acheter?	Le sol est-il bon pour les empierrements et le maintien des terrassements?	La disposition du chemin prête-t-elle à la dégradation?	Les dégradations viennent-elles de cette disposition ou du voisinage des mines et carrières?
fr. c.					
1891,00	Difficiles; transports coûteux.	Oui.	Oui.	Non.	De l'usage ordinaire.
2000,00	Faciles.	Oui, sauf le sable.	Oui.	Non, sauf la sortie des tailles.	Id. et du transport des coupes de bois
273,56	Id.	Oui.	Oui.	Non.	De l'usage ordinaire et du transport des betteraves, chicorées, etc.
1431,10	Transports coûteux.	Oui.	Non, en grande partie.	Oui.	Id.
605	Id.	Oui.	Oui.	Non.	Id.
969	Facilement du silex.	Oui.	Très-bon.	Peu, la plupart étant empierrés.	Peu, principalement des transports des usines.
642	Id.	Oui.	Peu pour les terrassements.	Beaucoup.	Beaucoup ainsi que des transports de charbon.

NOMS des COMMUNES.	CHEMINS.		En quel état ils sont.	Parties de chemin à empierrer ou à paver pour établir une bonne communication avec une route pavée.	Importance des travaux exécutés eu égard à ceux à faire.	RESSOURCES Prestations : montant du rôle en argent.
	Nombre.	Longueur.				
		mètres.				f. c.
THIANT.	10	13,010	Médiocre.	Celui d'Haulchain à paver ou empierrer.	Bien réparés.	1,401
THIVEN-CELLES.	1	1,400	Bon, tout est pavé.	»	Tout est fait.	492
THUN.	8	9,503	Mauvais.	Partie du chemin Nº 1, 1,500 m. estimation 5,000 fr.	Nulle.	»
TRITH-St.-LÉGER.	10	18,395	Assez bon	»	Améliorations des terrassements sur divers points.	1,770
VALEN-CIENNES.	38	17,317	Passable.	Chemin des planches 400 m., estimation 7,500 fr.	Faible entretien.	1,308
VERCHAIN et MAUGRÉ.	8	15,520	Fort médiocre	Pàver le chemin de Quérénaing.	Faible entretien.	1,308
VICQ.	7	7,840	Presque en totalité non pavés; mauvais état.	Le chemin classé de grande communication à exécuter.	Pour les chemins vicinaux ordinaires nulle. Ce qui avait été fait jusqu'à présent vient d'être classé chemin de grande communication.	1,303

DE 1846. Produits des centim. spéciaux, revenus ou fonds libres.	LES MATÉRIAUX POUR LES AMÉLIORATIONS. Sont-ils faciles ou difficiles à se procurer?	Faut-il les acheter?	Le sol est-il bon pour les empierrements et le maintien des terrassements?	La disposition du chemin prête-t-elle à la dégradation?	Les dégradations viennent-elles de cette disposition ou du voisinage des mines et carrières?
f. c. 384,64	Facilement du laitier, à Denain, à Trith, communes assez éloignées.	Non.	Fort mauvais.	Beaucoup pour la plupart.	Des deux fabriques de sucre.
235,66	Faciles.	Oui.	Oui.	Oui.	De l'usage ordinaire et du transport des betteraves, chicorées, etc.
200 »	Id.	Id.	Id.	Non sauf l'inondation.	Id. et de l'inondation.
1,346 »	Les fonds votés sont insuffisants même pour un bon entretien et à plus forte raison pour les améliorations nécessaires.				
1,250,75	Faciles.	Oui.	Oui.	Oui.	De l'usage ordinaire.
615,65	Facilement des écailles de grès.	Oui.	Bon.	Beaucoup, pentes encaissées.	Beaucoup d'une usine et plus encore par des transports de grès.
»	Scories, faciles; transport coûteux, pour grès et sable.	Scories, non; grès et sable, oui.	Non.	Oui.	De l'usage ordinaire.

NOMS des COMMUNES.	CHEMINS.		En quel état ils sont.	Parties de chemin à empierrer ou à paver pour établir une bonne communication avec une route pavée.	Importance des travaux exécutés en égard à ceux à faire.	RESSOURCES Prestations : montant du rôle en argent.
	Nombre.	Longueur.				
		mètres.				f. c.
VIEUX-CONDÉ.	10	23,097	Bon état	»	Grande.	»
WALLERS.	9	11,602	Les parties non pavées mauvaises.	»	Moyenne.	1,616
WASNES-AU-BAC.	6	7,639	Médiocre.	Paver le chemin de Marquette.	Bonne réparation, mais peu solide.	648
WAVRE-CHAIN-sous-DENAIN.	4	5,057	Médiocre.	Régulariser l'empierrement du chemin de Denain	Amélioration progressive.	452
WAVRE-CHAIN-sous-FAULX.	4	5,702	Bon.	Construire un pavé jusqu'à la route ou jusqu'à Marquette.	Assez bon entretien.	282

DE 1846. Produits des centim. spéciaux, revenus ou fonds libres.	LES MATÉRIAUX POUR LES AMÉLIORATIONS, sont-ils faciles ou difficiles à se procurer ?	faut-il les acheter ?	Le sol est-il bon pour les empierrements et le maintien des terrassements?	La disposition du chemin prête-t-elle à la dégradation ?	Les dégradations viennent elles de cette disposition ou du voisinage des mines et carrières?
fr. c. 979,08	Scories et sable faciles ; grès du pays oui, des carrières, non.	Non. Oui.	Très-bon.	Non.	De l'usage ordinaire.
»	Peu faciles.	Id.	Non, en moyenne partie.	Oui.	De cette disposition.
188	Il n'y a que de la mauvaise marne.	Non.	Mauvais.	Non.	Par une usine.
»	Facilement du laitier et des pierres brûlées.	Non.	Fort mauvaise.	Non.	Par les usines de Denain.
111,00	Peu de scories d'usine.	Non.	Bon.	Non.	Par une usine et les voitures étrangères.